Émile Montégut

Du génie de la race anglo-saxonne et de ses destinées

Essai

ISBN : 978-1726138734

10 9 8 7 6 5 4 3 2 1

Émile Montégut

Du génie de la race anglo-saxonne et de ses destinées

Essai

Table de Matières

Du génie de la race anglo-saxonne et de ses destinées

Nous n'avons jamais eu une foi bien vive dans les théories exposées de nos jours sous le nom de philosophie de l'histoire, et nous ne croyons qu'avec de grandes réserves à la doctrine si répandue de la perfectibilité humaine. Nous accuserions volontiers ces théories et cette doctrine d'être un outrage envers l'humanité et une injure envers Dieu, car les lois de l'ordre moral, pour être constantes, ne sont pas immuables, mornes et fatales comme les lois de l'ordre physique. Nous ne voyons dans les faits historiques que les commentaires, l'exégèse et les applications différentes des lois morales, tandis que, dans l'ordre physique, les faits sont inséparables des lois, en sont la conséquence immédiate et nécessaire. Il n'y a pas dans l'ordre physique une seule solution de continuité ; dans l'ordre moral au contraire, il y a des inégalités sans fin, des siècles de ténèbres et de courtes années de lumières, des barbaries subites et des civilisations imprévues, qui n'étaient ni dans la logique des événements, ni dans les ressources morales des nations. Des institutions sans apparence de fécondité vivent et croissent glorieuses ; d'autres, plus brillantes à leur origine, meurent misérablement. La volonté humaine intervient à chaque instant pour sauver, maintenir ce qui aurait dû logiquement périr, pour ressusciter ce qui était éteint, — et une volonté inconnue, dont les desseins sont inexplicables (demandez à M. Proudhon, que cette volonté inconnue désespère), intervient, de son côté, pour frapper de mort ce qui semblait assuré de vivre. Cependant il est certains faits assurés, aussi immuables que les faits matériels, et qui échappent à la volonté humaine : tels sont le partage du genre humain en races distinctes et par suite la différence du caractère, des facultés et des dons qui ont été accordés à chacune de ces races. Cette division du genre humain en races nous oblige à croire que les nations ont, non pas une destinée fatale, mais une destination morale, qui est cachée en elles, qui se trahit dans leur vie, dans leurs actions et jusque dans leurs erreurs. Quelles ont été les diverses manières de vivre, quels ont été les différents caractères moraux des peuples, et quel but en rapport avec ce caractère ont-ils poursuivi ou atteint ? tels sont les enseignements les plus synthétiques, si nous pouvons nous exprimer ainsi, que l'histoire puisse nous donner, et qui nous conduisent à cette idée de destinations assignées à chaque nation. Quand on arrive ici, la tâche de l'histoire est accomplie, celle de la métaphysique et de la religion commence ; les faits cessent d'exister, et ne peuvent plus nous être d'aucun secours pour entrer dans ce monde surnaturel et sublime.

Avant d'abandonner ces réflexions générales, nous hasarderons en passant cette réflexion, que la philosophie de l'histoire aurait besoin de subir une altération analogue à celle que Leibnitz fit subir à la philosophie cartésienne pour la débarrasser du spinozisme. Dans la philosophie de l'histoire, il serait nécessaire qu'un grand et sage esprit vînt substituer la notion de force à la notion de substance, et fît une application des doctrines leibnitziennes aux faits historiques. Au lieu de cette unité confuse et de cette fatalité logique dont nous entretiennent les modernes théoriciens qui donc nous établira la hiérarchie préétablie et nous déroulera le combat providentiel de ces forces premières appelées *caractères, instincts des races*, et d'où découle l'histoire ? Qui nous donnera une monadologie historique ? Mais abandonnons cette pensée, qui, pour être développée, demanderait des volumes, et, pour faire une application des observations précédentes, voyons si la simple description des vertus et des qualités de la race la plus puissante du monde actuel ne pourra pas mieux que tous les appareils métaphysiques nous renseigner sur sa destination providentielle.

De toutes les races qui occupent aujourd'hui la scène du monde, la plus active, celle qui pèse le plus fortement sur la terre, est certainement la race anglo-saxonne. D'autres nations peuvent être plus bruyantes et plus brillantes que l'Angleterre et les États-Unis, elles peuvent avoir plus de gloire extérieure ; mais aucune, si on y regarde de près, ne peut être considérée comme aussi nécessaire que ces deux peuples. La race anglo-saxonne est un des rouages les plus importants de la grande machine politique de l'univers ; sans elle périraient ou seraient abandonnés au mépris de l'avenir quelques-uns des faits les plus importants de l'histoire et quelques-unes des notions morales les plus nécessaires de l'humanité. Sans l'Angleterre et l'Amérique, le protestantisme n'existerait plus. S'il n'avait eu d'autre soutien que l'Allemagne, nous le verrions à l'heure qu'il est expirer dans le délire, blasphémer contre lui-même après s'être souillé des plus immorales doctrines, et rendre son dernier souffle au milieu des rires mérités des peuples. Sans l'exemple donné par l'Angleterre, la révolution française serait non-seulement anathématisée, mais abandonnée ; ses principes ne seraient même pas mis en question, et ils seraient laissés de côté comme des bizarreries sans raison et des extravagances. Sans l'Angleterre, l'Amérique, à peine découverte, serait retombée dans la barbarie où elle était plongée avant que les vaisseaux espagnols eussent touché ses rivages ; c'est elle qui a fait que la découverte glorieuse de Colomb n'a pas été inutile, a pu être tenue pour un grand fait humain, pour un service rendu à l'ordre moral et non pas seulement pour une découverte de l'ordre scientifique et cosmologique. C'est elle qui empêche encore aujourd'hui les nations de se précipiter les unes sur les autres et de se dévorer, qui maintient l'équilibre du continent de crainte d'avoir à se mesurer avec un adversaire trop redoutable. Ainsi son égoïsme même n'est pas inutile, car il protège notre repos. C'est elle qui contrarie les projets de l'Europe orientale et dit aux races slaves : « Vous n'irez pas plus loin. » Quelle race ! -quelle destinée ! Sa force et le fondement de sa puissance, c'est qu'elle est absolument nécessaire dans l'ordre du monde. Écartons de notre esprit toute préoccupation nationale, toute vanité patriotique ; bien des nations pourraient disparaître, en apparence plus importantes, plus directement intéressées au maintien de la civilisation moderne, dont la mort n'aurait pas les résultats terribles de la disparition de la solitaire, égoïste et indépendante Angleterre.

Si la race saxonne a une telle importance dans l'ordre purement politique, si elle apparaît comme la protectrice intéressée de la civilisation actuelle après en avoir été en grande partie la promotrice, elle le doit à son caractère, le plus original des temps modernes, le plus *natif*, celui où les traditions des mondes évanouis ont le moins laissé de traces, qu'ont le moins altéré les influences contraires et les imitations classiques. Comment essayer d'esquisser cet étrange caractère où semblent s'être confondus l'esprit des Hébreux, l'âme de Carthage et la force morale des Romains, et qui n'est pourtant ni hébraïque, ni romain, ni punique ? Ne cherchez pas dans cette race l'unité de génie, le bel assortiment de qualités brillantes qui, comme des fleurs assemblées en un bouquet composé avec art, forme le caractère charmant des races latines, ni ce feu vif et clair de l'âme des races celtiques qui sait polir les vices les plus monstrueux, amoindrir les instincts féroces et atténuer les travers de l'esprit au point de rendre désirables ces vices et ces travers ! Le caractère anglo-saxon n'a rien de cette unité ; il est plein de hardis contrastes, de qualités fortement accentuées. Les parties défectueuses de ce caractère sont repoussantes, les parties élevées sont d'une solidité à toute épreuve, mais sans attrait. Perfide sans mensonge, loyale par devoir, c'est-à-dire par nécessité et non par honneur comme chez nous, humaine et exterminatrice, impitoyable comme la fatalité et pourtant illogique comme la fortune et les vicissitudes du monde d'ici-bas, la race anglo-saxonne vit de contradictions, et de ces contradictions naît le génie pratique qui la distingue. Elle est pleine de respect pour la vie humaine, mais elle sacrifie sans remords des générations entières au succès de ses entreprises ; elle a voulu, par exemple, être industrielle et exclusivement industrielle, et rien ne l'a arrêtée, ni la crainte du désordre, ni la misère des populations ; elle a voulu coloniser, et partout où elle a planté son drapeau, les populations conquises ont disparu absorbées par elle, expulsées ou massacrées. Demandez aux restes mutilés des Indiens, aux derniers sauvages de l'Australie, aux débris lamentables de l'Irlande. Un point curieux à noter dans le caractère anglo-saxon, c'est son peu de penchant à la volupté. Jamais cette race n'a compris le plaisir ; la plus légère irritation des sens touche chez elle à la fureur, le moindre penchant à la sensualité va immédiatement jusqu'à la débauche. Elle n'a jamais compris non plus le luxe, cet autre penchant artistique si voisin de la volupté ; elle a inventé le *comfort*. Elle n'a jamais aimé, comme nous par exemple, l'égalité dans la médiocrité des conditions ; elle préférerait la pauvreté à cette mesquine sécurité et à ce maigre repos. Tout ce qui confère la puissance, elle l'a recherché. Elle a toujours vécu par la volonté, jamais par le désir. Aussi cette race, tant par ses qualités que par ses défauts, me semble la race de la domination terrestre par excellence ; les contradictions de son caractère ne la gênent en rien dans l'appréciation des faits et tendent, au contraire, à l'identifier avec eux, tandis que son inflexible volonté l'empêche d'être absorbée par eux, d'être engloutie par leurs orages et par les éruptions de leurs volcans. La race anglo-saxonne est toujours cette ancienne race de guerriers maritimes qui riaient au milieu des tempêtes, embarqués sur de frêles vaisseaux.

Cependant, bien que ces qualités soient surtout faites pour lui donner la domination terrestre, bien qu'elles soient exclusivement appliquées à l'étude réelle des faits, cette race ne manque pas de qualités idéales. Ses vertus sont grandes, mais elles sont inflexibles ; sa sensibilité est mâle et contenue, et a peu d'entraînement ; ce qui constitue sa faculté poétique, idéale, c'est une grande puissance de souvenirs, une grande et fidèle mémoire. Ce respect des Anglais pour la coutume, si admiré des étrangers, enfante parmi eux tout ce qu'il y a d'excentrique, d'exceptionnel et d'humoristique dans leur manière de vivre ; ces pensées aventureuses et ces volontés toujours renaissantes, enveloppées dans les ombres et les couleurs du passé, ce mélange de mœurs anciennes et de hardiesses nouvelles, constituent tout ce qu'il y a de poétique, de singulier et de sympathique dans la littérature, dans l'histoire et dans la vie anglaises ; mais, comme si toutes choses avaient été calculées pour donner à ce peuple la puissance et pour l'aider dans ses desseins, il se rencontre que cette faculté de la mémoire, — qui se traduit dans la politique par le respect de la coutume, et dans la vie extérieure, dans les mœurs, par l'habitude, — devient encore pour lui un moyen de conquête et de domination. Ce respect du passé le défend en quelque sorte de lui-même ; ses habitudes le défendent de ses volontés, et lui donnent repos et sécurité. Le passé entoure sa vie présente de remparts moraux qui le protègent à l'intérieur, comme les flots de la mer le protègent à l'extérieur. Ses mœurs et ses habitudes, toutes du passé, sont complètement distinctes de ses ambitions, qui sont toujours du présent. Qui pourrait dire à chaque époque ce que cet amour de la coutume a empêché de révolutions intérieures ? Ainsi l'Angleterre, protégée chez elle par son passé, réserve pour l'extérieur toute son énergie ; les ambitions de son peuple, matées par la coutume et l'habitude, vont chercher au-delà des mers une proie à dévorer. L'Angleterre doit à l'amour de son histoire, à ce qu'on peut appeler la sûreté et la fidélité de ses souvenirs, sa marine, son commerce, ses colonisations, sa diplomatie ; elle doit encore à cet amour du passé son gouvernement, qui pourtant est le plus moderne de tous, le régime constitutionnel. Et de même qu'il protège son repos, ce culte des souvenirs lui inspire un immense orgueil, et, en lui représentant sans cesse sous les yeux ses anciennes actions, en lui montrant sans cesse sa longévité, il lui donne un audacieux sentiment de son avenir et l'assure presque de son éternité : la source de l'orgueil anglais est là, et non ailleurs.

Nous avons reconnu que le caractère anglais est le plus original des temps modernes, celui où se font le moins sentir les influences étrangères ; qu'il est sans unité, plein de contrastes, et que la volonté y domine ; enfin que son culte du passé est en même temps un gage de sécurité à l'intérieur et de grandeur à l'extérieur. Originalité, liberté, habitude, telle est la formule magique qui révèle tout le secret de la grandeur anglaise. De là nous tirerons deux conclusions qui nous montreront le rôle assigné à la race anglo-saxonne et sa destination providentielle : — Jamais race n'a autant été fidèle à elle-même ; elle nous offre le modèle d'une civilisation originale ; — jamais peuple n'a été fait autant pour la liberté et moins pour l'unité.

Historiquement, l'Angleterre a offert au monde un grand spectacle, elle a eu une enviable et originale destinée. Il lui a été donné de développer tous les germes de civilisation que contenaient en elles les races barbares du Nord, de les développer exclusivement, afin de présenter au monde le type pur et sans mélange de cette civilisation. Protégée par ses remparts maritimes, séparée du reste du monde, selon l'expression du poète latin, elle n'a pas été contrariée dans son développement par les influences contraires qui ont modifié et altéré le caractère des races du continent, et surtout des races germaniques. .Sur le continent, l'influence romaine s'est imposée aux races qui n'étaient point faites pour elle ; l'empire survivant à la chute de l'empire, la pensée et l'âme de Jules César survivant à la ruine des institutions du monde antique ont maintenu la tradition et arrêté l'éclosion de civilisations futures, en empêchant une trop complète barbarie, en faisant tout d'abord de la barbarie une semi-civilisation. Les forces expansives des peuples barbares ont été contenues par cette grande machine du gouvernement impérial et romain, imposée par la conquête, par la religion, par la politique, restaurée par Charlemagne, maintenue par le saint-empire ; mais en Angleterre la barbarie n'a nullement été contrariée : pendant de longs siècles, elle a gardé toute sa force vierge ; elle a régné sans combat, elle a été plus rude, plus forte que partout ailleurs. Un moment, l'autorité a semblé vouloir s'y introduire avec la conquête normande ; mais à peine s'était-elle établie, que la barbarie primitive réclamait ses antiques droits, et de la main même des conquérants limitait l'autorité politique par la grande charte, et l'autorité spirituelle par le meurtre de Thomas Becket. Hérétique dès l'origine, cette île, la moins fertile en saints par opposition à la malheureuse Irlande, qui avait été surnommée *l'île des saints*, s'est sentie tout à coup saisie de transports violents et d'un fanatique enthousiasme, lorsque le protestantisme, cette forme du christianisme qui est la mieux appropriée aux instincts des races germaniques, a pénétré chez elle. Rien de ce qui était latin n'y a pu prendre racine : Ses grands génies politiques, poétiques, sont exclusivement saxons, Alfred, Élisabeth, Cromwell, Shakespeare, Milton. C'est pourquoi nous pouvons dire en toute assurance que l'Angleterre offre pure de tout mélange la civilisation qui était cachée au fond de la barbarie ; partout ailleurs elle a été incomplète, et n'a eu qu'une existence humble, contestée et combattue.

Quelle est donc la marque particulière de cette civilisation saxonne ? C'est la liberté, c'est la diversité. Jamais peuple n'a cru davantage à cet axiome politique d'Aristote, que la société était composée non d'êtres semblables, mais d'individus différents. Ce qui domine dans cette civilisation, et notre observation s'applique ici à l'Amérique comme à l'Angleterre, c'est l'individu : les énergies individuelles vont chacune vers leur but particulier, sans s'inquiéter de savoir si elles rencontreront, au terme de leurs efforts, un but général et universel. De là deux effets contraires, deux sentiments et deux vertus qui sont la force et l'honneur de cette société : l'indépendance et la tolérance. Vastes ateliers d'expérimentations politiques, philosophiques, religieuses, les sociétés anglaise et américaine appliquent aux choses morales les règles de l'induction baconienne, les traitent scientifiquement, et ne pensent pas qu'il soit convenable de débattre autrement que par voie d'analyse, d'observation et de pratique minutieuse les matières qui concernent le gouvernement et la religion. Le gouvernement parlementaire, les associations, les *meetings*, les ligues et les sociétés publiques, orageuses académies, conviennent à de pareilles sociétés : c'est seulement chez elles que la confusion peut régner sans anarchie, et la diversité sans désordre. On voit comment, avec de pareils peuples, la tolérance est un complément nécessaire de la liberté, comment elle est plus qu'un grand sentiment et une grande vertu, comment elle est un instinct aussi nécessaire à la vie que l'instinct de la conservation personnelle ; car, avec une pareille indépendance et une liberté aussi illimitée, une si grande diversité d'opinions et de doctrines, si la tolérance n'existait pas, des combats d'extermination devraient naturellement s'engager. Puissions-nous, nous qui cherchons la liberté unie à l'ordre, comprendre que la tolérance est l'unique préservatif des peuples libres, et qu'elle complète ce droit de liberté, apanage de l'individu, parce qu'elle est non-seulement le seul moyen de salut, mais le seul lien moral des peuples libres, à qui elle apprend le respect que l'homme doit toujours à l'homme !

L'Angleterre et l'Amérique ne se sont donc jamais occupées ni inquiétées de l'unité : jamais ces nations n'ont compris et ne comprendront ce que c'est que centralisation, autorité, organisation. L'Anglais ou l'Américain le plus révolutionnaire ne saurait comprendre ce que c'est que le jacobinisme ; l'Anglais ou l'Américain le plus conservateur ne saurait voir dans le gouvernement autre chose qu'une machine destinée à la sûreté générale, propre à prévenir les explosions et à protéger les droits individuels. Les sectes les : plus différentes vivent côte à côte, sans souci les unes des autres, tant qu'aucune d'elles n'essaie de vouloir dominer les autres : c'est là le sentiment qui, en Angleterre, le pays protestant par excellence, a fait reconnaître les droits des catholiques ; c'est aussi là le sentiment qui, l'an dernier, a soulevé l'Angleterre contre la papauté, lorsqu'on a pu croire que le catholicisme aspirait ouvertement à la domination des consciences. Les mœurs les plus différentes vivent là sous le même toit ; il n'y a p plus d'unité dans la manière de vivre que dans les opinions ; aucune société n'a plus de replis, de coins cachés, de singularités et d'exceptions dans les mœurs que la société anglaise. Dans les institutions, même diversité : les Anglais et les Américains adoptent et appliquent tous les projets sans s'inquiéter de savoir s'ils sont en contradiction les uns avec les autres, mais cherchent avant tout à savoir s'ils sont en eux-mêmes bons ou mauvais, bien que différents dans la forme. Aussi cette tendance générais à la diversité a-t-elle enfanté les deux formes de gouvernement qui se prêtent le mieux au développement des initiatives individuelles : la démocratie et le gouvernement constitutionnel. La démocratie convient en effet aux peuples peu amoureux de l'unité, elle convient surtout aux hommes qui n'aiment ni à commander ni à obéir, mais qui aiment à se commander et à s'obéir à eux-mêmes. Quant au gouvernement constitutionnel, il devait naître naturellement chez un peuple qui ne rejette aucun élément social, mais qui les adopte, tous pour en tirer le meilleur parti possible. C'est une opinion généralement répandue que le gouvernement constitutionnel est le gouvernement le plus savant de tous. Il a été beaucoup question de ce bel équilibre des pouvoirs qui distingue la constitution anglaise, mais on ne s'est avisé d'y trouver tant d'art et de science que long- temps après son établissement ; c'est l'enthousiaste De Lolme, c'est Montesquieu, c'est le méticuleux radical Bentham, qui, par leurs éloges et leurs critiques, ont contribué à lui donner cette réputation. Le gouvernement constitutionnel est peut-être, au contraire, le plus naturel de tous et le moins scientifique ; c'est un simple assemblage de faits opposés. Il est scientifique, nous dit-on, parce qu'il est compliqué ; oui, il est compliqué, comme l'état politique et l'état social d'un peuple qui a eu déjà une longue existence, qui a des traditions qui compte dans son sein des classes d'origine et de date historique différentes, des institutions de toutes les époques ; mais qui ne voit qu'au fond il est parfaitement naturel, qu'il n'est que le résultat d'une entente mutuelle, d'un grand bon sens et d'une saine appréciation des choses ? Là où des classes d'origine diverse se trouvent en présence, elles devront naturellement travailler à s'entre-détruire : l'Angleterre les admet toutes au sein de son gouvernement et leur donne à chacune plus qu'une place au soleil ; elle leur donne à chacune une institution particulière, tout un gouvernement. Cet accord réciproque, cette reconnaissance mutuelle des droits et des privilèges de chaque classe ne se rencontreront jamais chez les peuples qui ont la tradition, de l'autorité et la passion de l'unité. Voilà pourquoi le gouvernement constitutionnel n'a pu prendre racine, parmi nous, pourquoi la démocratie y réussit si mal ; chaque classe prétend s'imposer aux autres et les absorber notre démocratie, qui s'appuie sur le droit de majorité, viole sous l'apparence d'équité générale, les droits de chaque classe particulière de la nation, aboutit à une unité confuse et n'est que jacobinisme et anarchie dictatoriale. Notre gouvernement constitutionnel, en repoussant l'aristocratie et en livrant exclusivement le pouvoir aux classes moyennes, pouvait bien être une quasi-démocratie, mais n'a jamais été le vrai gouvernement constitutionnel. Celui-ci n'a jamais existé en réalité qu'en Angleterre, et c'est la création politique la plus originale des temps modernes, la forme de gouvernement la plus récemment inventée, la plus conforme aux lois de l'histoire et la moins conforme aux lois de la logique abstraite.

Ainsi, dans les mœurs, dans le gouvernement, dans le caractère des races anglo-saxonnes, nous rencontrons partout l'acceptation des principes contraires, la diversité. Cette race, pourrait-on dire, en empruntant un mot au vocabulaire philosophique, a le génie du *différent* ; l'individualisme est sa loi en politique, en religion, dans les relations de la vie sociale. Cependant, à voir une telle activité, une telle énergie déployées dans tous les genres de travail humain, une telle ardeur de conquête, un tel amour de l'agrandissement, on se demande quel est le but suprême et providentiel auquel tendent tous ces efforts. Alors involontairement on se prend à songer, et l'on se dit que toutes ces conquêtes ne sont que des matériaux et des éléments de civilisation destinés à être mis en ordre, à être coordonnés et, harmonisés peut-être par une autre race, qui aura plus que la race anglo-saxonne le sentiment de l'unité. Quand on observe son histoire à l'aide d'une foi profonde dans la haute destination de l'espèce humaine et comme à l'éclat de la lumière providentielle, on s'aperçoit en effet que cette race semble avoir été jetée dans le monde pour y opérer un travail de défrichement et de débrouillement, pour y épuiser la barbarie. Les Anglais et les Américains sont par excellence les pionniers de la civilisation ; eux seuls avaient assez de volonté et d'obstination pour accomplir ce labeur rude et ingrat, et qui n'est devenu glorieux que par la persévérance, la longanimité, l'ardeur qu'ils y ont apportée, car ils ont les premiers modifié dans l'esprit des hommes l'idée qu'ils avaient de la gloire, et le monde qui jusqu'alors n'avait attaché l'épithète de glorieuses qu'aux batailles et aux massacres, l'a attachée, ou, pour mieux dire, transportée aux combats contre la matière, contre l'infertilité du sol, contre la barbarie de la nature. Partout où il existait un îlot sauvage, une terre insalubre, un point du monde dédaigné de toutes les nations, oublié sur les continents ou perdu au milieu des mers, un pays où les misérables sauvages qui l'habitaient avaient peine à vivre et où la vie était impossible et entourée de périls, l'Angleterre y a planté son drapeau, jeté ses condamnés, envoyé ses misérables et aventureux enfants. Et pourtant quel est le but de tant d'efforts ? Pour l'Angleterre, le but est de ne pas mourir ; pour l'Amérique, le but est de vivre. C'est donc simplement une question d'existence pour ces deux nations. L'Angleterre a besoin d'élargir toujours le cercle, de son action pour maintenir la vie en elle ; cette mission providentielle de l'extinction de la barbarie et du défrichement de la civilisation, elle l'accomplit dans une pensée d'égoïsme ; c'est là son malheur et sa fatalité. Elle n'a pas d'autre but que celui de maintenir son existence, et c'est pourquoi on se demande si ce sera elle qui profitera de ces longs travaux. N'importe, cette fatalité est déjà assez glorieuse ; il n'a pas été donné à tous les peuples d'être forcés, pour ne pas mourir, d'étendre la civilisation.

Ce même génie de la conquête matérielle, de la diversité, nous le rencontrons aux États-Unis, plus libre encore, s'il est possible, moins assujetti à l'habitude, aux traditions. Comme l'Angleterre, l'Amérique est intéressée à la conservation de l'esprit et de la civilisation modernes ; mais combien les conditions de cet intérêt sont changées ! L'Angleterre est plus intéressée directement que l'Amérique aux destinées de cette civilisation, lui est plus nécessaire peut-être dans le présent, joue et jouera un rôle plus actif et plus immédiat dans les affaires politiques de ce siècle mais désormais son rôle d'expansion est fini un rôle nouveau, triste et moins glorieux l'attend, un rôle de défense personnelle. La destinée de l'Angleterre désormais sera d'être de plus en plus attachée au continent, dont elle a été si longtemps séparée. Ce fait apparaîtra de plus en plus avec chaque révolution, chaque progrès de la Russie ; l'Amérique au contraire conspire silencieusement contre l'Europe. Comme ces peuples anciens qui abandonnaient pendant la nuit leur ville assiégée en emportant avec eux leurs dieux familiers, l'Amérique recueille dans son sein tous les trésors de la civilisation européenne, et, certaine qu'elle est sauve, elle envisage avec la plus grande indifférence l'Europe menacée par les barbares modernes. Les journaux de l'Amérique ne tarissent pas sur le rapprochement entre la jeunesse de l'Amérique et la vieillesse de l'Europe. La prospérité de l'Amérique est attachée fatalement à la décadence de l'Europe. Si la guerre éclate en Europe, l'Amérique regorgera de richesse ; si la famine extermine les habitants de notre continent, l'Amérique nagera dans l'abondance. Je lisais récemment les comptes-rendus officiels des exportations de céréales de l'Amérique durant les dernières années : très considérables pendant les années 1947-48, c'est-à-dire pendant les années de disette et de révolution, ces exportations ont baissé de plus de moitié aussitôt que l'ordre et l'abondance ont reparu. Il en est là même pour l'Amérique au point de vue moral qu'au point de vue matériel ; chaque nouvelle révolution augmente ses chances de grandeur future. Aussi depuis longtemps l'Amérique, qui jadis était pour ainsi dire européenne, s'éloigne-t-elle de plus en plus de l'Europe, essaie d'être entièrement elle-même, et parvient à oublier le vieux continent. Mais, avant de montrer comment les États-Unis, tout en restant imbus de l'esprit moderne, deviennent de moins en moins les auxiliaires et les soutiens de l'Europe, il nous faut dire quelques mots sur la nature de ce gouvernement démocratique qui fait leur force et leur grandeur. Le dernier livre de l'auteur de *Sam Slick*, pamphlet en deux volumes que M. Halliburton vient de lancer contre les États-Unis, nous offre une occasion toute naturelle pour apprécier les ressources et le rôle possible de la démocratie américaine.

M. Halliburton, sujet anglais, juge à Halifax ; dans les colonies du nord, ressent contre l'Amérique la rancune et la haine que doit naturellement éprouver contre une si menaçante voisine tout bon sujet anglais, anglican de religion et tory renforcé d'opinion ; cette haine a un motif tout politique, par conséquent accidentel : il n'y a en elle aucune philosophie. Qui ne voit que M. Halliburton est bien plus emporté contre l'Amérique à cause de sa séparation d'avec l'Angleterre qu'à cause de ses tendances démocratiques, et contre l'esprit d'envahissement des Américains bien plus parce qu'ils menacent le Canada que parce qu'ils menacent envahie le Canda que parce qu'ils ont envahi le Mexique ? Son dernier livre, *the English in America*, est, sous prétexte d'études historiques sur les anciennes colonies de l'Amérique du Nord, un long pamphlet contre le protestantisme, l'Amérique et la démocratie ; M. Halliburton nous avait habitués à des écrits plus amusants et plus sérieux sous leur forme légère. Que nous apprend son dernier livre ? Que la démocratie n'est point propre à toutes les nations. Nous applaudissons de tout notre cœur à cette opinion ; pas plus que lui, nous n'avons un goût exagéré pour la démocratie. Il nous apprend ensuite que cette forme de gouvernement était la plus convenable pour les Américains, qu'elle s'est établie dans des conditions normales, qu'elle répondait à l'esprit religieux, aux instincts des émigrants anglais, qu'elle était l'objet de tous leurs désirs. Alors pourquoi tant de dépit et de sourdes épigrammes contre un fait naturel et normal ? Il nous apprend que les premiers protestants étaient pleins de vertu, de volonté ; alors pourquoi aller chercher toutes les histoires et toutes les anecdotes dont s'était réjoui l'auteur d'*Hudibras*, et nous les donner pour des faits historiques, incontestables ? Il porte contre les États-Unis une accusation plus grave ; il les accuse d'avoir établi la république par félonie, trahison, en éludant toutes leurs promesses, en rusant avec les articles des chartes qui leur avaient été successivement accordées par le gouvernement anglais. Cette accusation se détruit d'elle-même ; M. Halliburton a très bien fait remarquer que la république ne remontait ni à 1789 ni à 1796, qu'elle n'avait été fondée ni par la constitution fédérale ni par la proclamation d'indépendance ; mais qu'elle avait été fondée du jour où des puritains mirent pour la première fois le pied sur le sol de l'Amérique. Faisant l'histoire de la colonie du Massachusetts, l'auteur de *Sam Slick* a très bien fait remarquer que, dès l'origine, cette colonie était une république démocratique. Que les puritains aient été intolérants, cela ne peut être nié ; qu'ils aient été rusés et politiques dans leurs relations avec la couronne et qu'ils aient cherché à lui arracher le plus de concession possible, cela n'est pas et ne peut être contesté ; mais n'étaient-ils pas en droit de chercher à conserver leur liberté, pour laquelle ils avaient traversé les mers et supporté tant de maux, de chercher à reprendre la libre disposition d'eux-mêmes, à protéger leur conscience contre les empiétements de l'anglicanisme ou de l'épiscopat ? Et, pour pousser les choses à l'extrême, n'avaient-ils pas aussi le droit d'entourer comme d'une muraille leur communauté (*commonwealth*) contre les croyances et les opinions qui n'étaient pas conformes à leurs croyances et à leurs opinions, et qui auraient porté la discorde là où régnait l'union des esprits et des volontés ?

Non, la démocratie américaine a une plus haute origine que la ruse et la déloyauté : elle est née, comme le gouvernement constitutionnel en Angleterre, des faits eux-mêmes, elle n'est pas le produit de théories ni de combinaisons abstraites. Les doctrines des premiers protestants portaient incontestablement leur pensée vers la démocratie, mais leur condition sociale réelle rendait la démocratie encore bien plus inévitable en Amérique. Chez nous, la démocratie est une conquête, une victoire, que sais-je ? En Amérique, par deux fois, au commencement du XVIIe siècle et à la fin du XVIIIe, les conditions les plus favorables se sont rencontrées pour son établissement : à l'origine, une grande égalité de condition parmi les premiers colons ; lors de la séparation d'avec l'Angleterre, une grande égalité de désirs parmi les citoyens des colonies. L'égalité de condition, de rang, d'opinions, régnait chez les dissidents, qui, pour pratiquer librement leurs croyances, préférèrent l'exil au séjour de leur patrie ; elle régnait parmi eux, grâce au malheur, qui leur était commun, aux périls qui les enlaçaient tous dans la même solidarité, aux consolations religieuses qui étaient semblables pour tous, au même besoin qu'ils sentaient tous avoir les uns des autres, aux prières qu'ils avaient exhalées ensemble au milieu des tempêtes, au sein du désert. L'appui mutuel qu'ils étaient obligés de se prêter chaque jour sur un sol inhospitalier aurait banni de leurs âmes tout sentiment d'orgueil dominateur, tout souvenir de leurs anciennes prérogatives, s'ils n'avaient pas été déjà unis par le lien de la condition sociale, qui était à peu près la même pour tous dans la patrie qu'ils avaient quittée. Presque tous appartenaient en effet aux classes moyennes de l'Angleterre ; peu d'entre eux s'étaient recrutés dans les dernières couches du peuple ou dans les rangs de l'aristocratie ; quelques-uns appartenaient, comme les révolutionnaires d'Angleterre, à la petite aristocratie des campagnes, des comtés. Jamais aucun pays n'a eu une origine plus exclusivement démocratique. Il était matériellement impossible qu'une forme de gouvernement autre que la forme démocratique pût s'établir avec de tels éléments, et, lorsqu'en 1789 le gouvernement républicain fut proclamé, on peut dire qu'il y eut unanimité de sentiments et consentement universel ; l'établissement de l'Union américaine ne fut point le triomphe d'une classe sur une autre classe : ce fut l'accomplissement des vœux et des désirs de la nation entière.

Fondée non sur des abstractions, mais sur des faits naturels et des instincts spontanés, il était impossible que la démocratie ne vécût pas et ne se développât point, comme il est impossible que ne se développe pas tout gouvernement démocratie ou monarchie, qui s'appuiera sur des faits naturels et vivants. On peut avoir théoriquement des préférences pour telle ou telle forme de gouvernement, mais la vie et la nature n'ont point de préférence : elles font croître et se développer tout ce qui est doué de vitalité, tout ce qui n'est pas vicié, corrompu ou artificiel ; elles sont à jamais incapables de communiquer l'étincelle vitale à une combinaison plus ou moins savante de rhéteurs et de pédants. La démocratie américaine devait vivre, parce qu'elle contient en elle tous les éléments philosophiques nécessaires à la démocratie : je veux dire un élément théocratique ou divin, et un élément de droit purement humain, l'association. La théocratie est-en effet au fond de la démocratie américaine, et c'est pourquoi cette démocratie a prospéré. Toute démocratie qui ne s'appuie pas sur l'idée de Dieu est par cela même condamnée à périr, car alors elle doit prendre son principe dans l'athéisme, dans la simple croyance en l'humanité. Les protestants comprirent que l'homme, pour être libre, devait naturellement être soumis au pouvoir de Dieu ; ils crurent en cette belle parole si vraie : « La liberté vient du ciel, » et, faisant consister la liberté à n'être pas gênés dans leur développement non-seulement par des institutions traditionnelles ou par leurs semblables, mais encore par eux-mêmes, ils comprirent que, pour fonder cette liberté, il leur fallait naturellement resserrer d'autant plus les liens moraux et religieux, que les liens temporels et politiques seraient davantage relâchés. Dans les principes du protestantisme, et par conséquent de la démocratie américaine la liberté n'est pas tant un droit qu'un devoir. Il est une chose qu'on n'a pas assez remarquée : c'est que, dans le protestantisme, la liberté n'est pas un bienfait, c'est une nécessité attachée à notre nature morale, comme la corruption à notre nature corporelle ; c'est que la liberté est notre châtiment. Être libre est une nécessité imposée à l'homme ; c'est l'unique moyen que nous ayons d'accomplir notre destinée sur la terre, c'est un instrument qui nous a été donné pour accomplir notre devoir. La liberté n'est donc pas un bien ; elle peut fatalement nous entraîner vers le mal. Qui nous sauvera d'elle ? La foi. Étonnante doctrine que celle qui reconnaît que Dieu seul peut nous protéger contre la liberté, que nul autre que lui n'a le droit d'intervenir pour nous protéger contre elle, mais qui admet que, sans la foi, la liberté est une véritable malédiction ! Conçoit-on maintenant comment des peuples, animés naïvement par une croyance aussi terrible ont pu accomplir les prodigieux travaux qu'ils ont accomplis ? comment les colonies anglaises de l'Amérique ont pu croître et se développer à l'infini ? Ces pauvres puritains ne demandaient qu'à Dieu seul de les protéger contre eux-mêmes, et se croyaient obligés de travailler sans relâche pour accomplir leur destinée. — Laissez-moi, disaient-ils, courir la carrière que Dieu m'a imposée ; ne gênez point les desseins de Dieu ! — Quant à l'autre élément de la démocratie, l'élément humain ou l'association, il se retrouve également au fond des institutions américaines. La démocratie, à l'origine, y fut établie par l'association des familles, obligées de se protéger les unes les autres, d'unir leurs efforts et de se former en communes librement associées pour la défense de leurs intérêts. Qui ne voit combien cette association nécessaire et naturelle, née de la force nième des choses, est préférable aux froides et abstraites théories de contrat social sur lesquelles est fondée chez nous la démocratie ?

Comme le gouvernement constitutionnel et aussi bien que lui, la démocratie américaine est donc un gouvernement original, propre à la race anglo-saxonne. Elle a des vices, je le reconnais avec M. Halliburton ; mais quoi ! ses vices mêmes servent merveilleusement à sa grandeur. Si quelques esprits plus honnêtes que philosophiques pouvaient se récrier contre ses abus et douter des grandes destinées qui sont réservées à l'Amérique, nous les engagerions à réfléchir sur ce fait : c'est que l'Amérique peut accomplir impunément l'injustice sans qu'il lui en coûte rien. Les États-Unis s'accroissent et s'étendent par les moyens les plus injustes, par le vol à main armée, par le droit du plus fort ; et pourtant, quand ces nouvelles nous parviennent en Europe, qui de nous songe à s'étonner ? quelles récriminations se font entendre ? quelle flétrissure nos journaux et nos hommes d'état infligent-ils à tant de déloyauté et de rapacité ? Aucune. Quelques réflexions courtes et sommaires, le plus souvent une simple constatation et un simple enregistrement de ces faits, pas un éclair d'indignation, voilà ce qui se produit. N'y a-t-il pas et dans ces injustices impunies et dans l'indifférence morale avec laquelle les accueillent tous les états européens, grands et petits, la marque de la fatalité ? Lorsque les nations peuvent commettre, impunément le crime et l'injustice, elles sont assurées d'un long avenir ; lorsque l'indifférence ou mieux la stupéfaction seule accueille leurs actions, elles sont assurées d'un grand succès. Elles étonnent en attendant qu'elles épouvantent, et cet étonnement leur annonce bien clairement qu'elles ne seront pas contrariées dans leur marche, que les peuples ont déjà accepté leur domination, et qu'ils ont, aussi bien qu'elles-mêmes peuvent l'avoir, le pressentiment de leur grandeur future, le sentiment de la fatalité qui les pousse. Tout profite d'ailleurs aux États-Unis et contribue à aveugler les yeux de l'Europe sur l'équité de leurs actions ; l'infatuation démocratique qui règne aujourd'hui sur notre continent nous empêche de voir sous leur vrai jour la couleur des actes qui s'accomplissent au-delà des mers. Nul ne trouve mauvais qu'une république s'agrandisse, et nous amnistions ses injustices par un silencieux étonnement.

Quelle forme la civilisation prendra-t-elle aux États-Unis ? Il est fort difficile de le dire ; mais nous pouvons noter ici deux observations qui ressortent de l'étude attentive des faits, et qui confirment notre croyance dans les grandes destinées de l'Union américaine.

Le premier de ces faits, c'est que l'Amérique du Nord traverse aujourd'hui une sorte de barbarie temporaire. Les colonies anglaises, et plus tard les États-Unis jusqu'à une époque récente, n'avaient été, comme culture intellectuelle, comme mœurs et esprit moral, qu'une sorte de prolongement européen : ils étaient véritablement civilises, et civilisés à la manière européenne. Depuis un certain nombre d'années, l'Amérique rentre peu à peu dans une sorte de semi-barbarie. Sans pouvoir déterminer la date précise du jour où a commencé ce fait, on pourrait le faire remonter à la présidence de Jackson. Toutes les anciennes notions de morale et d'équité s'effacent. Une sorte d'ardeur sauvage, d'impatience et de turbulence se montre de toutes parts. Les maîtres véritables de cette société, les chefs réels ne sont plus les Franklin, les Washington et les Jefferson ; MM. Webster et Clay sent bien leurs continuateurs, mais ils ne gouvernent qu'en apparence ; les maîtres véritables, ce sont tels ou tels généraux à demi barbares, tels ou tels aventuriers, et de plus en plus ce fait s'étend et se généralise. Au sein de cette semi-barbarie, le caractère de la race anglo-saxonne se modifie et s'altère ; il change et se retrempe ; le caractère anglais disparaît ; un caractère américain et exclusivement américain se forme et se manifeste peu à peu. Ainsi peu à peu l'Europe est oubliée, et une civilisation sans précédents, complètement originale, et dont il est impossible de prévoir l'avenir, s'élabore lentement dans le sein de cette vaste fermentation. Les États-Unis ont une sorte de puissance d'absorption vraiment magnétique et naturelle, qui n'a rien de politique et qui ne doit rien à l'excellence relative ou au prestige de ses institutions. Les émigrants ne s'habituent pas à la vie américaine ; ils font mieux, ils s'y anéantissent et s'y plongent comme dans un Léthé, où ils oublient aussitôt leur origine, leur patrie première et leurs anciennes mœurs. L'influence des émigrants sur l'Amérique est au contraire complètement nulle ; une fois débarqués, ils sont comme perdus au sein de ces vastes fourmilières d'hommes ou de ces déserts sans fin de la nature, et force leur est bien de devenir barbares. Et ce ne sont pas seulement les émigrants qui subissent cette attraction ; la Louisiane, dont la population est d'origine française, ne compte pas au nombre des états les plus civilisés du sud. L'ancienne patrie y est oubliée, l'ancien langage s'est transformé en patois. Ainsi, partie de la civilisation, cette société semble vouloir traverser une sorte de vie barbare pour arriver à une civilisation qui nous est inconnue. Seulement cette barbarie s'appuie sur tout ce que la civilisation a obtenu de résultats pratiques et matériels par l'agriculture, par l'industrie, par le crédit. Que peut être une civilisation sortie d'une barbarie qui a en elle de tels moyens de puissance ? Incontestablement une civilisation décuplée et élevée jusqu'à un degré qu'aucune nation n'a encore atteint.

Le second fait que nous voulons signaler, c'est la précipitation extraordinaire de ce peuple. Ce n'est pas une précipitation extraordinaire de ce peuple. Ce n'est pas une précipitation fatale ; c'est quelque chose comme le phénomène qui se produisit à la chute de l'empire romain, lorsque les hordes barbares arrivèrent en se poussant les unes les autres, entraînés, ainsi que le disaient leurs chefs eux-mêmes, par une puissance inconnue. Du sein de la démocratie américaine, il semble perpétuellement qu'on entende s'élever ces paroles : Hâtons-nous ! hâtons-nous ! craignons d'arriver trop tard. La destinée nous attend et nous appelle ; faisons en sorte d'être prêts pour l'heure où se jouera la fortune du monde et où le sort des peuples sera réglé. L'heure des grandes batailles s'avance et nous devons y assister. — Rien ne leur coûte pour cela. Les Américains n'ont aucun souci de leur existence, aucun souci de l'existence d'autrui ; ils comptent pour rien la vie de l'homme.

Leurs gigantesques opérations industrielles sont assises sur le hasard, leurs chemins de fer sont construits pour un usage provisoire. Leurs villes, bâties de bois, s'élèvent comme par miracle et sont détruites avec la première étincelle qui vole sur l'aile du vent. Nulle part les accidents ne sont plus nombreux qu'aux États-Unis ; ils comptent même au nombre des principaux événements de ce pays. Il ne s'écoule pas de jour où l'on ne voie paraître en tête des journaux américains ces sinistres paroles : « Explosion d'un *steamer*, explosion d'une machine à vapeur, destruction de tout un quartier à Philadelphie, incendie à New-York, quatre-vingts personnes tuées, etc. » Et immédiatement les machines sont remplacées, les rails rétablis, les villes rebâties, les bateaux à vapeur reconstruits, les morts oubliés, et le mouvement continue ardent, irrésistible.

L'Amérique, comme l'Angleterre, est un pays de civilisation moderne ; quelles que soient leurs différences, elles ont le même esprit ; leurs gouvernements, bien que différents, dérivent du même caractère moral. On n'aperçoit pas, en Amérique, de principes qui nous soient inconnus et qui n'aient pas été mis en pratique chez les nations modernes ou chez les peuples d'autrefois ; seulement, tandis qu'en Europe ces éléments et ces principes vont s'affaiblissant avec la décadente des peuples et la mort des formes politiques et des institutions, en Amérique ils se retrempent au sein de cœurs et d'âmes encore incultes, au sein de la vie active, et ils cherchent dans le chaos des faits ceux dans lesquels ils pourront s'envelopper pour croître et briller aux yeux du genre humain sous la forme d'institutions, de croyances et de mœurs. La liberté, le respect de l'individualité humaine, l'esprit d'investigation, la foi dans le travail, tous ces principes de notre civilisation sont les mêmes qui, en Amérique, accomplissent les merveilles que les voyageurs les plus prévenus sont forcés de reconnaître. Après avoir écrit deux volumes contre l'Amérique du Nord, M. Halliburton est amené à lui rendre justice il est obligé de confesser que les États-Unis méritaient ce qu'ils ont obtenu. L'Amérique continue donc non-seulement les destinées de la race anglo-saxonne, elle continue le mouvement et les traditions du genre humain et le cours de la civilisation telle que nous la connaissons et l'aimons. Nos préférences sont les siennes, à cette différence près, que ces préférences sont chez nous des désirs, et que pour l'Amérique, elles sont des faits et des lois. L'Amérique peut bien être un triste présage pour l'Europe, à qui elle prédit son affaiblissement, à qui elle montre la civilisation se retirant d'elle pour se réfugier dans les forêts et les déserts ; mais elle n'est pas un embarras pour le monde, comme le sont d'autres races qui avec elles amènent de nouveaux principes, des éléments de civilisation qui nous sont inconnus, et qui menacent non de continuer l'histoire, mais de la recommencer, la Russie par exemple.

Nous venons de prononcer le nom de la Russie ; c'est là l'ennemi de la race anglo-saxonne encore plus que du continent. Elle menace matériellement l'Europe et peut bien méditer d'en faire sa proie ; mais elle est l'ennemie de la race anglo-saxonne, non à la façon d'une grande puissance qui hait l'empire qui lui fait obstacle, mais à la façon d'un homme qui hait un autre homme dont la nature est inconciliable avec la sienne ; elle lui est opposée par instinct, par caractère, par mœurs, par tout ce qu'il y a de plus intime dans la nature humaine. La race slave est contraire à la raison de l'existence de la race anglo-saxonne ; il arrivera certainement un jour ou, pour que l'une des deux puisse vivre, l'autre devra disparaître. La Russie nie toutes les croyances, toutes les institutions de l'Angleterre et de l'Amérique ; son caractère est la contre-partie du leur. À la place du courage moral, de l'individualité, règnent ici l'humilité, la soumission ; à la place de l'activité, l'inquiétude. Là l'empereur est plus que le chef, le roi, le guide de ses sujets : il est leur pontife suprême ; il est plus que leur pontife, il est leur dieu. C'est lui qui peut à son gré donner à ses peuples une volonté et la leur retirer, leur commander le travail ou les laisser dans l'oisiveté ; il peut à son gré disposer en leur faveur et des biens de ce monde et des biens du ciel. Sans lui, ses sujets seraient païens et idolâtres ; c'est par lui qu'ils sont chrétiens. C'est en lui qu'ils ont véritablement la vie, le mouvement et l'être. On dirait que le magnétisme, l'électricité, tous les fluides invisibles, sont le moyen par lequel l'empereur de Russie gouverne les races qui lui sont soumises ; rien n'échappe à sa vue, et, à quelque distance que ses sujets soient placés, en France, en Italie et dans les pays les plus lointains, il trouve moyen de leur communiquer ses volontés et de dicter les paroles que leur bouche prononce. Tous les voyageurs et tous les hommes qui ont vécu intimement avec des sujets russes dans les pays étrangers s'accordent à les dépeindre comme très français de mœurs et très voltairiens de langage ; mais que la Russie vienne à être mise en cause, aussitôt s'échappe un flot de religion grecque, de mysticisme, de respectueuse humilité, comme s'ils étaient en présence de leur tout-puissant empereur. Sans son empereur, le peuple russe est imitateur, prend facilement les mœurs européennes ; avec son empereur, il retrouve son originalité, son caractère propre. Il n'est rien que par cette étrange et magnétique autorité. On dirait, en vérité, que chaque matin il se passe entre l'empereur et ses peuples un bizarre dialogue ; les peuples prosternés s'écrient : « Père, donne-nous une âme ; n'as-tu rien à nous commander ? N'y a-t-il donc rien à faire de nous ? Donne-nous une âme, afin que nous puissions comprendre et exécuter tes commandements. » Et alors le magique empereur leur insuffle un enthousiasme d'un instant, laisse pénétrer en eux une parcelle d'âme, une ombre d'esprit ; il leur infiltre une apparence de volonté, la volonté d'obéir, la volonté de la patience et de la soumission, puis il la leur retire en la leur promettant de nouveau pour les occasions prochaines ; il ménage pour l'heure des grands combats cette étincelle qu'il leur communique. Non moins hostile aux instincts de la race anglo-saxonne que l'autocratie russe, la religion grecque est encore plus opposée à sa foi individuelle ; il n'y a pas de croyances libres et fortes en Russie ; la religion de l'état est une sorte de doctrine abstraite et indéfinissable qui descend sur le peuple russe, et qui est destinée à opérer en lui à son gré et à son heure, comme la grâce divine dans le catholicisme. On pourrait nommer la religion grecque le *catholicisme des chancelleries* ; ce n'est pas des cathédrales et des temples, c'est du fond des cabinets diplomatiques, des administrations, que la religion sort pour se répandre dans le cœur du peuple. Là le prêtre se reconnaît presque indigne de proclamer le Dieu qu'il sert, et il laisse cet office aux bureaucrates, qui transforment leurs administrations en atelier de mysticité. Combien tout cela est séparé de notre civilisation ! quelle différence entre ce caractère et le caractère des races saxonnes tel que nous l'avons décrit !

De cette description du caractère de la race anglo-saxonne ressort naturellement un fait, c'est sa parfaite antipathie avec le génie de cette autre race qui apparaît menaçante à l'horizon. D'un côté est le génie de la liberté ; de l'autre, le génie de l'autorité. Sans crainte d'être accusé de partialité et d'aveugle admiration pour des peuples étrangers, nous avons voulu décrire le caractère d'une race qui a toujours cru en elle-même, qui a toujours eu une foi invincible en l'individu ; nous avons voulu montrer et faire prévoir le combat inévitable qui devra s'engager, et la fatalité qui pousse l'une contre l'autre, d'une part, les sociétés qui croient que rien n'est excellent sur la terre que la force morale, la vertu, le travail, l'expansion sans contrôle de l'individualité humaine, et, de l'autre côté, celles qui croient que rien n'est bon, au contraire, que la concentration de ces mêmes forces, la soumission, l'obéissance et l'unité. Nos pré-férences sont naturellement du côté des nations qui représentent dans cette lutte nos instincts et nos mœurs, qui sont intéressées à les maintenir ; ces peuples peuvent être plus ou moins hostiles à notre patrie, mais ils ne sont pas hostiles à notre civilisation, et, dans la crise qui travaille l'humanité, ce n'est pas le sentiment patriotique qui est émit : c'est le sentiment le plus étendu qu'un homme puisse avoir, c'est le sentiment de la civilization.

ISBN : 978-1726138734